Bibliografische Information der Deutschen Nationalbibliothek:

Die Deutsche Bibliothek verzeichnet diese Publikation in der Deutschen National-bibliografie; detaillierte bibliografische Daten sind im Internet über http://dnb.d-nb.de/ abrufbar.

Impressum:

Copyright © 2018 GRIN Verlag
Druck und Bindung: Books on Demand GmbH, Norderstedt Germany
ISBN: 9783668835382

Dieses Buch bei GRIN:

https://www.grin.com/document/448969

Lisa Scheibe

Das Frauenbild im Märchen "Schneewittchen"

Ein historischer Vergleich der Frauenbilder

GRIN Verlag

GRIN - Your knowledge has value

Der GRIN Verlag publiziert seit 1998 wissenschaftliche Arbeiten von Studenten, Hochschullehrern und anderen Akademikern als eBook und gedrucktes Buch. Die Verlagswebsite www.grin.com ist die ideale Plattform zur Veröffentlichung von Hausarbeiten, Abschlussarbeiten, wissenschaftlichen Aufsätzen, Dissertationen und Fachbüchern.

Besuchen Sie uns im Internet:

http://www.grin.com/

http://www.facebook.com/grincom

http://www.twitter.com/grin_com

Inhalt

1. Einleitung

Märchen. Sie erzählen Geschichten über Prinzessinnen und Prinzen, Hexen, Feen, magische Wesen und Tiere. Sie werden traditionell in Familien erzählt und Kindern vorgelesen. Es werden oftmals Konflikte durchlebt und das Ende eines Märchens ist meist positiv. Außerdem sind Märchen als Literatur vom größten Teil der Gesellschaft anerkannt. So ergab eine Befragung aus dem Jahr 2003, dass 83 Prozent der insgesamt 1013 Befragten Märchen für Kinder befürworten. Bei der Frage welche Märchentitel den Befragten am ehesten einfallen würde lagen „Schneewittchen" zusammen mit „Hänsel und Gretel" mit 43 Prozent ganz vorn.[1] Die Gattung Märchen ist aktuell besonders in Kinderbüchern vertreten. Besonders bei Kindern regen Märchen die Phantasie an. Sie können Einfluss auf ihr Denken, ihr Fühlen und ihre Handlungsweisen haben. Da sich Kinder in der Entwicklung befinden, kann die Phantasie von Märchen einen großen Einfluss auf Heranwachsende nehmen. Dadurch können sie nachhaltig in ihrer Entwicklung von Werten und Normen beeinflusst werden.

Früher waren Märchen noch wesentlich häufiger in Haushalten vertreten, als heute. Das wird daran deutlich, dass früher oft Bücher mit der Betitelung „Hausmärchen" vorhanden waren. Werke, die heute gedruckt werden, sind in der Regel für Kinder und bunt an Bildern und Illustrationen. Eine der wohl erfolgreichsten Märchensammlungen sind die der Gebrüder Grimm. Die berühmten Märchenschreiber Jacob und Wilhelm Grimm sammelten Märchen und trugen sie in Buch der „Kinder- und Hausmärchen" zusammen. Oftmals geht es um starke Männer oder Prinzen, die etwas Heldenhaftes leisten. Frauen sind oft in Märchen die, die als naiv, bemitleidenswert und schwach dargestellt werden. Um dies näher zu betrachten, ist es sinnvoll sich an einer Märchengeschichte zu orientieren und dies in mehreren Ausführungen zu vergleichen. Hierfür orientiert sich die Hausarbeit an dem Märchen „Schneewittchen" verfasst von den Gebrüdern Grimm.

In Schneewittchen ist die Rolle der Frau ziemlich zentral, da es zum einen das Schneewittchen und die „böse" Stiefmutter gibt. Der nähere Inhalt des Märchens wird im 2. Kapitel erläutert. Interessant ist herauszuarbeiten, wie sich das Frauenbild in Märchen verändert hat. Es gab Märchen die wie schon erwähnt als „Hausmärchen" um 1800 zur Verfügung standen und es gibt Märchen, die im heutigen Jahrhundert als Kindermärchen verkauft werden. Die Frage hierbei ist: Besteht ein Unterschied zwischen den Erzählungen und dem damit verbundenen gesellschaftlichen Frauenbild? Wie sieht es mit den Illustrationen in alten und neuen Erscheinungsformen aus?

Um dies zu untersuchen, ist es sinnvoll sich erstmal mit dem Begriff *Märchen* näher zu befassen und eine Definition herauszustellen. Da Märchen weltweit vertreten sind und es u.a. auch orientalische Märchen gibt, welche sich jedoch von der Struktur, den Erzählungen und von der Kultur im Hintergrund oftmals unterscheiden, liegt der Fokus der Definition auf den der Gebrüder Grimm. Auch das Märchen *Schneewittchen* stammt aus ihren Erzählungen. Um den Aspekt des Frauenbildes näher zu kommen, muss vorerst der Begriff näher erläutert werden. Meine Untersuchung orientiert sich an drei Aspekten, welche Schaufler in ihrem Text darstellt. Sie geht im Buch „Schöne Frauen- Starke Männer" auf die Konstruktion von Leib, Körper und Geschlecht ein. Im Text stellt sie insgesamt drei Hauptkriterien auf, die den Diskurs des Geschlechtsbildes einer Frau (und des Mannes) aufgreifen. Mithilfe dieser Kriterien kann anschließend auf die Märchenbetrachtung eingegangen werden. Das ursprüngliche Märchen

---

[1] Eine Umfrage des Allensbachers-Archivs, IdD Umfrage 3620, 2003.

aus dem Buch der „Kinder- und Hausmärchen" um 1800 gilt als Grundlage meiner Untersuchung. Die Illustrationen im Buch sind die, zeitgenössischer Künstler. Vergleichend dazu werden mehrere Ausgaben aus unterschiedlichen Zeitepochen betrachtet. Um einen Vergleich ziehen zu können, werden sowohl Sprache, als auch Illustrationen im Hinblick auf Schauflers Aspekten, berücksichtigt.

2. Definition „Märchen" im Zusammenhang mit den Märchen der Brüder Grimm

Märchen zählen zu den ältesten Überlieferungen weltweit. Sie sind Erzählungen, die ursprünglich mündlich von verschiedenen Völkern weitergegeben wurden. Genau zu sagen, wann Märchen entstanden sind, kann man nicht, da es lange Zeit keine schriftlichen Überlieferungen gab. Bekannte Vorvorformen stammten jedoch aus dem Orient.[2]

Märchen sind „kurze, mündlich oder schriftlich verbreitete Prosaerzählungen"[3]. Sie sind außerdem vom Volk selbst erzählte Geschichten, in denen es um übernatürliche Kräfte und Gestalten geht, die in das Leben von Menschen eingreifen.[4] Oft nehmen Tiere oder Pflanzen eine Gestalt an und können sprechen. In Märchen existieren zudem Zauberer, Riesen, Zwerge, Feen usw. Das Muster der Erzählungen ist in der Regel ähnlich: Das Gute wird am Ende belohnt und das Böse wird bestraft. Häufig finden sich im Märchen die gleichen Typentypen wieder: der König, das arme Mädchen, der Prinz, die böse Stiefmutter o.ä.[5] Märchen existieren weltweit. Besonders bekannt sind die der Gebrüder Grimm. Jacob und Wilhelm Grimm wurden 1785 in Hanau geboren. Im Jahr 1812 veröffentlichten sie ihren ersten Band von gesammelten „Kinder- und Hausmärchen". Diese bestehen bis heute aus mündlichen Überlieferungen und schriftlichen Quellen. Das Werk gehört zu den meistverbreiteten und meistgelesenen Büchern der deutschen Kultur. Mittlerweile wurden die Märchen des Buches in über 160 Sprachen übersetzt.[6] Im 19. Jahrhundert begann man allmählich über die Herkunft, die Deutung und den Ursprung von Märchen nachzudenken. Im 20. Jahrhundert fing man an Märchen im Hinblick auf den gesellschaftlichen Hintergrund und die Funktion zu erforschen. Da sie auch aus mündlichen Quellen stammen, kann davon ausgegangen werden, dass so auch ein Teil des gesellschaftlichen Denkens festgehalten wurde. Einstellungen und Ansichten, die vertreten wurden finden in den Geschichten platz. Ursprünglich waren Märchen für Erwachsene gedacht und erst im 19. Jahrhundert wurden sie zusätzlich der Kinderliteratur zugeordnet.[7] Es heißt, dass Märchen Kinder stärker ansprechen, als es bei Erwachsenen der Fall ist. Dies hängt mit der psychischen Entwicklung eines Kindes zusammen. Somit ist der Einfluss der Erzählungen für Kinder ausschlagebener und kann sie nachhaltig prägen.

Die Struktur von Märchen ist meist ähnlich aufgeteilt: Es gibt eine Person in der Geschichte, in Auseinandersetzung mit dem Guten und dem Bösen. Die Kräfte, Schwächen und Gefühle

---

[2] (Freund, 1996, S. 181)
[3] (Konradin Medien GmbH: „Märchen" auf Wissen online)
[4] (Dudenredaktion: „Märchen" auf Duden online)
[5] (Konradin Medien GmbH: „Märchen" auf Wissen online)
[6] (Lauer, Brüder Grimm-Gesellschaft e.V.)
[7] (Dimova, 2008, S.7-8)

der Figuren, Träger oder Erleider werden nicht erklärt oder hinterfragt. Das innere Seelenleben der Figuren wird nur für den Außenstehenden sichtbar, damit die Handlungen nachvollziehbar sind. Oftmals treffen die Hauptfiguren auf Hürden oder Herausforderungen, bei denen sie Hilfe von tierischen oder menschlichen Figuren in den Märchen erhalten. Die Handlungen der Hauptfiguren sind meist typisch: Sie sind dazu bestimmt eine Aufgabe zu erfüllen, Geheimnisse aufzudecken oder Menschen aus kritischen Situationen zu retten. Oftmals stellen hierbei übernatürliche Wesen, wie z.B. Hexen, Drachen o.ä. eine Gefahr oder eine Hürde dar und stellen sich ihnen in den Weg.[8] Dies ist ebenso bei Schneewittchen der Fall. Die Hauptfigur in dem Märchen ist das weibliche Wesen Schneewittchen. Ihr wird die Eigenschaft der Schönheit zugeschrieben und sie wird als „Schönste des ganzen Landes"[9] bezeichnet. Hierbei entsteht in der Märchengeschichte eine Konkurrenz zwischen Stiefmutter und (Stief-)Tochter. Hierbei wird deutlich, dass die böse Stiefmutter eine Hürde für das Mädchen darstellt, um die Rolle als Schönste einzunehmen. Umgekehrt jedoch ist es so, dass die Stiefmutter Schneewittchens Tod möchte und somit Schneewittchens Leben erschwert wird. Der Gegensatz in Märchen wird hierdurch deutlich: Entweder Gut oder Böse.[10] So trifft es auch im Märchen von Schneewittchen zu. Das Mädchen ist die Gute, sie wird geboren ist schön und wächst heran. Die Stiefmutter vertritt die böse Figur, die Schneewittchen aufgrund ihrer Schönheit von einem Jäger töten lassen will. Zudem kann gesagt werden, dass die Märchen ein Spiegel der Gesellschaft sind. Sie stellen die Welt so dar, wie sie sein sollte.[11] Dieser Aspekt ist insofern interessant, da die Darstellung der weiblichen Bilder ebenso das Bild in der Gesellschaft darstellt. An diesem Punkt kann noch hinzugefügt werden, dass zwischen Kunst- und Volksmärchen unterschieden wird. Kurz gesagt sind Kunstmärchen von einem klaren und namentlich erkennbaren Autor verfasst. Volksmärchen hingegen sind Sammlungen von Märchen, die auf mündlicher Weitererzählung beruhen.[12] Dies verdeutlicht den Aspekt der Widerspiegelung der Gesellschaft. Werte, Ansichten und Geschlechtervorstellungen können sich hier wiederfinden. Die Märchen der Gebrüder Grimm zählen ebenfalls zu der Kategorie der Volksmärchen, da sie auf mündlichen Überlieferungen beruhen und sie die Brüder gesammelt und schriftlich festgehalten haben. Da die Grimms die Märchen nicht selbst erfunden haben, sondern sie auf Überlieferungen beruhen, kann man also von einer gesellschaftlichen Darstellung von Rollen, Werte und Normen in den Märchen ausgehen.

Um zu untersuchen, inwieweit sich das Frauenbild verändert hat, ist es sinnvoll sich dabei auf eine Erzählung zu fokussieren. Diese wird, wie schon erwähnt, im Folgenden das Märchen Schneewittchen sein. Die Gebrüder Grimm haben das Märchen erstmals 1814 im Band der „Haus- und Kindermärchen" veröffentlicht. Seitdem erschienen immer wieder viele Ausgaben von Märchenbüchern, die das Märchen von Schneewittchen beinhalten. Um den Aspekt des Frauenbildes im Vergleich näher zu kommen, sollten mehrere Ausgaben aus unterschiedlichen Zeitepochen betrachtet werden. Der nächste Teil dieser Arbeit beschäftigt sich jedoch vorerst mit der Definition des Frauenbildes.

---

[8] (Dimova, 2008, S.10)
[9] (Grimm, 1985, S.289)
[10] (Dimova, 2008, S.11)
[11] (Dimova, 2008, S.11)
[12] (Dimova, 2008, S.12-13)

3. Das Frauenbild im Vergleich

Bestandteil dieser Arbeit ist es, das Frauenbild in Bezug auf verschiedene Märchenausgaben zu vergleichen, um einen Vergleich darzustellen und zu überprüfen, ob sich das Frauenbild in der Gesellschaft verändert hat. Daher, sollte zuerst geklärt werden, was unter „Frauenbild" verstanden wird. Im Duden findet man folgende Definition: „Bild, das jemand von Frauen hat"[13]. Wie schon erwähnt, beziehen sich Grimms Märchen auf das Bild bzw. die Ansichten, Werte und Einstellungen der Gesellschaft. Aus diesem Grund macht es Sinn, bei der Definition an einigen Stellen ebenfalls einen Bezug zur Gesellschaft zu ziehen. Deswegen wird das „jemand" an dieser Stelle durch „die Gesellschaft" ausgetauscht. Somit hieße die angepasste Definition „Bild, das die Gesellschaft von Frauen hat". Nun müsste jedoch noch geklärt werden, was mit dem Begriff „Bild" gemeint ist. Im Duden wird der Terminus

mit mehreren Definitionen beschrieben. Im folgenden Satz wird deshalb nur die Beschreibung verwendet, die auch zum Zusammenhang des Frauenbildes passt. Die Ausdrücke „Abbild, Spiegelbild; in »jemanden, sich, etwas ins Bild setzen«; Anblick, Ansicht; Vorstellung, Eindruck"[14] werden hier verwendet. Der Vergleich des Frauenbildes soll anhand des Märchens *Schneewittchen* dargestellt werden. Der Begriff „Frauenbild" bezeichnet somit das Bild, bzw. die Vorstellungen, Ansichten oder Eindrücke, welche die Gesellschaft von dem weiblichen Geschlecht haben. Wie in 2. Schon erwähnt, existiert im Märchen ein Spiegel, welche von der „bösen" Königin jedes Mal in Benutzung gezogen wird. Die Stiefmutter bzw. Königin fragt ihn nach der „Schönsten im ganzen Land". Es ist interessant zu sehen, dass unter den Termini (Frauen-)Bild auch die Definition des Abbildes oder Spiegelbildes im Duden verwendet wird. An dieser Stelle könnte vermutet werden, dass der Spiegel einen Teil der Gesellschaft darstellt. Die Stiefmutter hofft in ihm auf Anerkennung und Zuspruch ihres Aussehens. Die Schönheit scheint hierbei ein großes und wichtiges Thema zu sein.

Die Grimm-Brüder verfassten die Märchen im 19. Jahrhundert. Zu dieser Zeit wurde der Wohn- und Lebensbereich zunehmend vom Berufsbereich abgetrennt. Somit musste einer sich um die Versorgung und Erziehung der Kinder kümmern und den Haushalt übernehmen. Insofern war es üblich, dass der Mann das Haus verließ, um zu arbeiten und den Lebensunterhalt der Familie absicherte. Dadurch ergab sich folgendes Rangverhältnis: Der Mann ging arbeiten und die Frau hütete die Kinder. Der Mann stand somit in der Öffentlichkeit und die Frau wurde durch ihre Rolle immer mehr in den Innenraum gedrängt. Öffentliche Orte waren für das weibliche Geschlecht verschlossen und sie benötigten lange Zeit sogar eine Geschlechtsvormundschaft. Zur Zeit der französischen Revolution wurden den Frauen zwar zunehmend mehr Rechte zugesprochen, die Gesellschafts- und Familienstruktur sollte jedoch beibehalten werden. Das hatte zufolge, dass der damaligen Frau zwar mehr Handlungs- und Freiheitsrechte zugestanden wurden, der Mann jedoch weiterhin in dieser Hinsicht überlegen war.[15] Mädchen in diesem Alter wurden schon früh auf das spätere Leben vorbereitet: Anstatt die Schule zu besuchen, blieben sie im Hause und lernten nähen, kochen und putzen.[16] So wurde schon beim Aufwachsen der Mädchen die Lebensaufgabe einer Frau deutlich vermittelt. Sie sollte außerdem tugendhaft, sittsam und fleißig sein. Frauen sollten ihre Schönheit in der Öffentlichkeit preisgeben, wurden jedoch gleichzeitig vor der Öffentlichkeit beschützt.

---

[13] (Dudenredaktion: „Frauenbild" auf Duden online)
[14] (Dudenredaktion: „Bild" auf Duden online)
[15] (Schmid, 1996, S. 331)
[16] (Rendtorff, 2006, S. 32)

Im heutigen 21. Jahrhundert hat sich das Frauenbild zu damals verändert. Damals wurde das Geschlecht mit dem Gender gleichgesetzt. Wurde also eine männliche Person geboren, so musste er sich auch männlich fühlen und die gesellschaftliche Rolle erfüllen. Heute jedoch wird in der Forschung meist zwischen Gender (biologisches Geschlecht) und Sex (soziales Konstrukt) unterschieden. Eine Frau kann als Frau geboren sein, sich aber männlich fühlen. Jedes Individuum kann somit für sich entscheiden, ob es die Geschlechterrolle annimmt oder nicht. Das traditionelle Frauenbild von damals findet in der heutigen Zeit zum Teil Überschneidungen. Die Frau steht immer noch im Vordergrund, wenn es um die Erziehung der Kinder, den Haushalt oder den emotionalen Gefühlsaspekt geht. Die Rolle als Mutter bedeutet immer noch zum Teil eine Unterordnung unter den Mann[17], da die Frau mit der Schwangerschaft und Geburt aus der Berufswelt zeitlich ausgegrenzt wird. Claudia Wallner fasst in ihrem Buch zusammen: „Das Mädchenbild von heute zeichnet ein Mädchen, das ist stark, selbstbewusst, schlau, sexy, sexuell aktiv und aufgeklärt, gut gebildet, familien- und berufsorientiert, heterosexuell, weiblich aber auch cool, selbstständig aber auch anschmiegsam, es kann alles bewältigen und kennt keine Probleme, keinen Schmerz, ist Jungen überlegen – all dies in Summe, nicht wahlweise."[18] Hier wird das „Problem" der heutigen Zeit deutlich: Eine moderne Frau muss allen Anforderungen gewachsen sein. Einerseits sollte sie selbstständig und beruflich erfolgreich sein, andererseits sollte sie dem Mann das Gefühl geben, sie sei ihm unterlegen. Es wäre interessant herauszuarbeiten, in wie weit dieses moderne Frauenbild in aktuellen Märchen vertreten ist und sich eventuell in den letzten Jahrzehnten gewandelt hat.

4. Drei Aspekte nach Schaufler zur Geschlechtergeschichte

Der Text "Schöne Frauen- Starke Männer" von Birgit Schaufler gibt auf Seite 120-121 drei Aspekte an, die für die Untersuchung des Frauenbildes des Märchens *Schneewittchen* interessant sind. Schaufler unterstützt in ihrem Text den Aspekt, dass die Geschlechtergeschichte als Kulturgeschichte zu verstehen sein kann. Jedoch betont sie auch, dass sich diese im Hinblick auf die Ziele und der Methodik am mehrdimensionalen Gegenstand orientieren muss. Diese Mehrdimensionalität ist, wie in der Einleitung erwähnt, unter drei Aspekten zu fassen. Der erste Punkt ist die Historizität. Hierbei geht es um die Untersuchung der kulturellen Leitbilder. Die Erscheinungsformen des weiblichen und männlichen Habitus zählen grundsätzlich gesehen zur historischen Natur. Der zweite Aspekt ist der der Komplexität. Geschlechtersystem werden als „komplexes interdependentes Relationsgefüge" [19] angesehen. Dieses Gefüge ist in Macht-, Produktions-, und Bedürfnisstrukturen eingebunden, welche im historischen Wandel sichtbar zu machen sind. Der dritte und letzte Aspekt nach Schaufler ist der der Fragilität. Hierbei werden die Geschlechterbilder im Spannungsverhältnis betrachtet. Das Spannungsverhältnis steht zwischen der subjektiven Erfahrung geschlechtlicher Identität und den Geschlechterbildern und der sozialen Praxis von Geschlechterbeziehungen und den Geschlechterbildern. Hierbei spielt die subjektive Wahrnehmung, Erfahrung und Identität der Geschlechtlichkeit eine Rolle. Die drei Aspekte der Historizität, der Komplexität und der Fragilität sollen nach Schaufler idealerweise auf allen drei

---

[17] (Schönherr-Mann, 2007, S.156)
[18] (Wallner, 2017, S.3)
[19] (Schaufler, S.120)

Ebenen gleichzeitig bearbeitet werden.[20] Etwas später betont Schaufler im Text, dass Geschlechterverhältnisse „hinsichtlich ihrer Hierarchie, Dominanz, Konflikt, Kooperation, Widerstand und Kollusion untersucht werden"[21]. Hierbei sollen die „Selbstverständlichkeiten"[22] herausgestellt werden, die in der Gesellschaft herrschen.

Da die Geschlechtergeschichte als Kulturgeschichte aufgefasst wird, könnte man hier eine Verbindung zwischen Kultur und dem Frauenbild herzustellen. Die Kultur ist in dem Fall wie schon erwähnt nicht auf die allgemeine Kultur bezogen, welche allgemein gültig ist, sondern auf die deutsche Kultur, da die Gebrüder Grimm die Märchen in Deutschland gesammelt haben. Die Kultur spiegelt wiederum die Ansichten in der Gesellschaft wieder, welche man auf das Frauenbild beziehen kann. Die drei Aspekte wirken unterstützend für die Untersuchung. Der erste Punkt der Historizität berücksichtigt nicht nur die kulturellen Leitbilder; in ihm sind auch die Veränderungen und Darstellungen der Frau mitinbegriffen. Diese werden dann im Hinblick auf das weibliche Geschlecht in den Märchen dargestellt. Der zweite Aspekt der Komplexität beinhaltet die Untersuchung der Geschlechtersysteme als Relationsgefüge. Hier sollte jedoch die Konzentration auf dem weiblichen Geschlecht liegen, da der Fokus auf der Untersuchung des Frauenbildes liegt. Genauer gesagt müsste hier geschaut werden, welche Rolle(n) Macht-, Produktions- und Bedürfnisstrukturen spielen. Der dritte und letzte Aspekt ist der der Fragilität. Er betrachtet die Geschlechterbilder im Spannungsverhältnis. Auch hier spielt das männliche Geschlecht eine eher nebensächliche Rolle und wird, wenn dann nur zur Verdeutlichung des weiblichen Geschlechts kurz erwähnt aber nicht weiter ausgeführt. Hierbei stehen die subjektive Wahrnehmung, Erfahrung sowie die Identität der (weiblichen) Geschlechtlichkeit im Vordergrund. In Betracht gezogen werden in allen Aspekten die drei weiblichen Figuren des Märchens *Schneewittchen*. Die leibliche Mutter als erste Königin spielt hierbei eher eine nebensächliche Rolle. Die Hauptrollen der Weiblichkeit werden mit Schneewittchen selbst und der zweiten Königin bzw. der „bösen" Stiefmutter verkörpert. Am Ende der Untersuchung der drei Aspekte nach Schaufler ist es sinnvoll nochmal einen historischen Vergleich der Untersuchung zu ziehen und zu vergleichen, was sich in den Jahrhunderten verändert hat. Zur Untersuchung werden die weiblichen Charaktere im Text des Märchens, sowie in den Illustrationen in Betracht gezogen.

4.1 Ausgabe „Sneewittchen" 1819 als Grundlage

Die Gebrüder Grimm begannen im Jahr 1806 Märchen durch mündliche Überlieferungen aufzuschreiben. Sie legten eine Sammlung an und das Buch „Kinder- und Hausmärchen" entstand.[23] In dem Buch ist auch das Märchen von Schneewittchen vertreten. Damals hieß es noch „Sneewittchen". Es ist die 53. Geschichte im Buch der Gebrüder Grimm. Um den Frauenbild im Folgenden näher zu kommen, orientiert sich die Herausstellung des Aspektes an den drei Aspekten nach Schaufler, welche im vorherigen Kapitel bereits erklärt wurden. Der Bezug geschieht auf der sprachlich, textlichen Ebene, gleichzeitig werden die Illustrationen des Märchens betrachtet.

---

[20] (Schaufler, S.120-121)
[21] (Schaufler, S. 121-122)
[22] (Schaufler, S. 122)
[23] (Nissen, 1984, S. 46-47)

Der erste Aspekt ist die Historizität. Dabei geht es um die Vorstellungen der Weiblichkeit (und Männlichkeit). Die Geschichte beginnt mit der Königin, die sich bei der Tätigkeit Nähen ein Kind wünscht. Der Wunsch eines Kindes erfüllt sich und die Königin bekommt es. Es ist ein Mädchen, welches den Namen „Sneewittchen" trägt. Nach der Geburt stirbt die Königin.[24] Hier wird deutlich, dass die Weiblichkeit in Verbundenheit mit der Gebärfunktion steht. Die Königin wünscht sich ein Kind, trägt es aus und stirbt danach. Somit steht sie stellvertretend dafür, dass es in der Natur der Frau liegt, Kinder zu gebären. Nach dem Tod der ersten Königin nimmt sich der König eine neue Frau, die schön ist.[25] Die neue Königin nimmt für das Kind die Rolle der Stiefmutter ein. Im Märchen werden der Stiefmutter die Eigenschaften „stolz und hochmütig"[26] zugeschrieben. Auch diese Zuschreibung verkörpert das Bild einer Stiefmutter in der Gesellschaft. Daraus lässt sich vermuten, dass eine neu angeheiratete Frau nicht dem Ideal der damaligen Gesellschaft entspricht. Wie in 3. erwähnt, sollte die Frau zu dieser Zeit „nur" die Schönheit nach außen verkörpern und wurde lediglich zum repräsentativen Zweck benutzt. Dies erklärt, warum der Aspekt der Schönheit in dem Märchen ein wichtiges Thema für die Stiefmutter ist.

Im Märchen wird beschrieben, dass die Königin einen Spiegel besitzt. Diesen Spiegel befragt sie immer wieder mit folgenden Sätzen „Spieglein, Spieglein an der Wand, wer ist die Schönste im ganzen Land?"[27]. Wie in 3. erwähnt, wird dem Bild der Frau auch die Definition „Abbild, Spiegelbild" zugeschrieben. Im Spiegel selbst findet die Königin ihr eigenes Abbild wieder. Der Spiegel könnte stellvertretend für die Gesellschaft stehen, welche ihr die Schönheit zuspricht. Der Königin werden neben der Schönheit viele negative Eigenschaften zugeschrieben. Dadurch, dass sie immer wieder den Spiegel befragt, zeigt dies, dass sie anderen gefallen möchte. Die Anerkennung des äußeren Wertes „Schönheit" scheint ihr wichtig zu sein. Im Laufe des ganzen Märchens geht es der „bösen" Stiefmutter immer wieder darum, schöner als ihre Stieftochter zu sein. Dargestellt wird die Königin auf zwei Abbildungen im Märchen. Zum einen als sie verkleidet ihre Stieftochter besucht und sich als alte Krämerin verkleidet. Sie verkauft ihr Schnürriemen, welche sie auf dem Bild in der Hand hält. Ihre Gestalt ist verdeckt und Proportionen sind wenig zu erkennen, da sie weite Kleidung trägt. Ihre Gesichtszüge lassen ein neutrales Gesicht deuten. Emotionen sind nicht deutlich.[28] Auf der zweiten Abbildung steht die Königin vor dem Spiegel. Sie steht aufrecht vor ihm, trägt ein Kleid und eine Krone. Ihre Gesichtszüge wirken eher streng.[29] Wie in 3. erwähnt, waren die Vorstellungen einer Frau zu dieser Zeit, dass sie sich nicht außerhalb des Hauses begibt. Die Stiefmutter jedoch macht genau das Gegenteil: Sie geht ihrem Interesse nach und verlässt das Haus bzw. das Schloss mehrere Male. Es fällt auf, dass Sneewittchen auf den Abbildungen eine Art Schonhaltung einnimmt. Sie steht auf den Abbildungen 1 und 3 nicht aufrecht, sondern bückt und kniet sich. Auf Abbildung 5 liegt sie auf dem Fußboden, ebenfalls in gebeugter Haltung. Nur auf Abbildung 6 liegt sie grade im Sarg. Die Königin hingegen steht in Abbildung 4 aufrecht vor dem Spiegel. Ihr Körper ist leicht nach hinten verlagert, vermutlich aus Achtung vor dem Spiegel. Außerdem ist eine gekräuselte Stirn zu erkennen, welches die negativen Konnotationen ihrer Eigenschaften unterstreicht. Die Magie der Stiefmutter, welche Sneewittchen im Märchen mit einem Apfel vergiftet, vertieft ihre negative Beschreibung.

---

[24] (Grimm 1819, S. 297)
[25] (Grimm, 1985, S. 297)
[26] (Grimm, 1985, S. 298)
[27] (Grimm, 1985, S. 298)
[28] (Grimm, 1985, S. 302)
[29] (Grimm, 1985, S.303)

Schneewittchen hingegen wird in der Geschichte zu Anfang neben der Schönheit vor allem als „unschuldig"[30], bemitleidenswert und arm beschrieben.[31] Später zeigt sich Sneewittchen als hilfsbereit und fleißig. Hier fließen wieder die Vorstellungen von Weiblichkeit im 19. Jahrhundert mit ein. Sie führt für die sieben Zwerge den Haushalt. Auffällig oft wird Sneewittchen immer wieder als Kind bezeichnet.[32] Auch die Illustrationen zeigen vermutlich eher die Darstellung eines heranwachsenden Kindes. Die Gesichtszüge sind noch fein und das Gesicht ist eher rund. Auf Abbildung 1 in der Geschichte hat sie dem Jäger gegenüber eine auf dem Boden kniende Haltung. Der Gesichtsausdruck zeigt sich schreckhaft. Sie trägt ein Kleid und hat lange, schwarze Haare. Das Kleid unterstreicht, trotz dessen, dass sie als Kind bezeichnet wird, leichte weibliche Rundungen. Die Taille ist schmal und die Oberweite lässt eine leichte Brust erkennen.[33] Dies soll wohl darstellen, dass Sneewittchen zur Frau heranwächst. Sie befindet sich gleichzeitig in der Rolle des Kindes und in der Rolle einer Frau. Trotzdem wird sie in der Geschichte rein sprachlich als Kind dargestellt, das ihren Aufgaben nachgeht und den sieben Zwergen „dient". Währenddessen gehen die Männer tagsüber arbeiten und erwarten am Ende des Tages, dass Sneewittchen das Essen bereithält und der Haushalt gemacht ist. Dies zeigt eine klare Rollenverteilung in der Gesellschaft. Die Frau kümmert sich um den Haushalt, während der Mann arbeiten geht. Das unterstreicht die Rolle als unschuldiges weibliches Wesen. Das Leben der Frau ist zu der Zeit, wie schon in 3. erwähnt, durch ihr familiäres Leben und ihren Status geprägt. Der Mann hingegen wird als eine Autorität angesehen und trifft alle wesentlichen Entscheidungen. Sie ist gutherzig und öffnet der Stiefmutter immer wieder die Tür, obwohl diese insgesamt vier Mal versucht das Mädchen aus Neid umzubringen. Das erste Mal soll der Jäger die Aufgabe erledigen, doch als dieser dann scheitert wird die Königin selbst aktiv.

Hier spielt die Betrachtung der zweiten Ebene, die der Komplexität hinein. Die Königin hat das Bedürfnis die Schönste zu sein, vermutlich strebt sie nach Anerkennung in der Gesellschaft. Sneewittchen jedoch wächst heran und äußert nie, dass es ihr von Bedeutung ist schön zu sein. Auch sonst äußert sie sich nicht zu ihren Bedürfnissen. Das einzige Mal, wo sie aktiv etwas fordert, als der Jäger sie unter Auftrag der Königin umbringen soll.[34] Hier bittet sie darum, dass sie am Leben gelassen wird. In dem Märchen Sneewittchen werden zum einen die Königin als „böse" Stiefmutter dargestellt. Zum anderen gibt es Sneewittchen, die Hauptfigur des Märchens. Sie wird als „gut" dargestellt und ihr werden positive Eigenschaften zugeschrieben. Beide Figuren bilden gegensätzliche Frauenbilder in der Geschichte. Der Stiefmutter wird ein negatives Bild zugeschrieben. Sie spielt im Märchen jedoch eine ziemlich aktiv handelnde Rolle. Ihr Ziel ist es, die Schönste zu sein und dieses Ziel verfolgt sie bis zum Schluss. Sie ist so verbissen, dass sie den Tod ihres Stiefkindes in Kauf nimmt, um ihren Wunsch wahr werden zu lassen. Es wird deutlich, dass eine Frau, die ihren eigenen Wünschen und Bedürfnissen nachgeht eine Frau ist, der schlechten Eigenschaften zugeschrieben werden. Eine Frau, die also weitergedacht erfolgreich und zielstrebig ist und ihren Bedürfnissen nachgeht, ist keine Frau, die zu der Zeit den Vorstellungen eines Frauenbildes in der Gesellschaft entspricht. Denn aktiv zu handeln wird eher dem Mann zugeschrieben. Es ist zu vermuten, dass deswegen ihre Rolle fast übertrieben boshaft dargestellt wird. Dies unterstreicht außerdem das positive Bild der Hauptfigur. Die Geschlechtersysteme zu dieser Zeit schienen in der Gesellschaft durch die Rollenverteilung von Mann und Frau definiert zu

---

[30] (Grimm, 1985, S. 298)
[31] (Grimm, 1985, S. 298- 299)
[32] (Grimm, 1985, S.298, 299, 301, 302)
[33] (Grimm, 1985, S. 299)
[34] (Grimm, 1985, S. 298)

sein. Dies unterstreicht das Bild von Sneewittchen im Märchen. Auch ihr Leben findet nur im Haus der sieben Zwerge statt, sie begibt sich nicht außerhalb dieses Bereiches. Also bedeutet auch historisch gesehen die Rolle von Sneewittchen gilt als anerkanntes, den Vorstellungen entsprechenden Frauenbild.

Der Aspekt der Fragilität berücksichtigt, wie schon erwähnt, die Geschlechterbilder, welche im Spannungsverhältnis zur subjektiven Erfahrung und der sozialen Praxis von Geschlechterbeziehungen steht. Im Märchen erfährt man nicht viel über subjektive Erfahrungen von Sneewittchen, da sie sich eher passiv verhält. Ihre Identität der Geschlechtlichkeit zeichnet sich dadurch aus, dass sie dem „Ideal" der Gesellschaft zu dieser Zeit entspricht und das Frauenbild erfüllt. Deswegen ist ihr auch zum Ende der Geschichte ein glückliches Ende bestimmt. Die Königin bzw. Stiefmutter hingegen erfüllt dieses Bild nicht. Sie handelt aktiv und wird als Gegenteil von Sneewittchen dargestellt. Sie selbst möchte die Schönste sein, das ist ihr Ziel. Eine Frau, die sich außerhalb des Frauenbildes der Gesellschaft bewegt. Eine Frau die ihren Bedürfnissen und Zielen nachgeht und aktiv dafür handelt. Dies scheint zu der Zeit von der Gesellschaft nicht akzeptiert und anerkannt zu sein. Dies wird dadurch deutlich, dass der Stiefmutter zahlreiche negative Beschreibungen, Eigenschaften und Worte zugeordnet wird. Auffällig ist ebenfalls, dass alle Retter von Schneewittchen von männlichem Geschlecht sind. Sowohl der Jäger, der sie laufen lässt, als auch die Zwerge, die ihr Unterschlupf gewähren und der Prinz, der sie am Ende rettet. An dieser Stelle wird das Abhängigkeitsverhältnis von Frau zum Mann deutlich. Auch dies kann als Abbild der damaligen Gesellschaft gesehen werden, in der die Frau abhängig von ihrem Mann war.

Zusammenfassend ist zu sagen, dass die dargestellten Frauenfiguren des Märchens eindeutig das damalige Frauenbild repräsentieren. Nun sollten zum Vergleich einige Märchenausgaben betrachtet werden, die nach der ersten Erscheinung nach den Brüdern Grimm entstanden sind.

4.2 Vergleich weiterer Ausgaben von „Schneewittchen"

Um zu vergleichen, ob sich etwas an den Erzählungen und an dem dargestellten Frauenbild verändert hat, werden im Folgenden mehrere Märchen aus unterschiedlichen Erscheinungsjahren betrachtet. Die Erscheinungsjahre befinden sich in dem Zeitraum von 1958 bis 2012[35] insgesamt sind es acht verschiedene Bücher.

Bei näherer Betrachtung aller Bücher fällt auf, dass das Märchen auf sprachlicher Ebene, bis auf einige wenige Umformulierungen, in der Fassung der Grimm-Brüder übernommen wurde. Trotz unterschiedlicher Zeitepochen ist die Geschichte nur in geringen Maßen angepasst oder umformuliert erschienen. Jedoch sind besonders die aktuellen Erscheinungen mit vielen Illustrationen versehen, die sehr bunt gestaltet sind. Um nun der Ausgangsfrage näher zu

---

[35] (Grimm, Bernadette, 1983)
(Jung,1993)
(Betz, Otto, 2000)
(Grimm, Archipowa, 2011)
(Grimm, Neuendorf, 2011)
(Rensmann, Lefin, 2013)
(Kuhn, Nick, 2014)
(Seidel, 2016)

kommen und zu klären, ob ein Unterschied zwischen den Erzählungen und dem damit verbundenen gesellschaftlichen Frauenbild besteht, ist es sinnvoll den Fokus auf die Illustrationen zu legen. Denn hier gibt es im Gegensatz zum ursprünglichen, alten Märchen der Gebrüder Grimm zunehmend mehr Illustrationen, die in den Märchenbüchern auftauchen. Da jedes einzelne Buch mit jeder einzelnen Abbildung zu erwähnen die Länge dieser Hausarbeit überschreiten würde, werden im Folgenden die drei Aspekte nach Schaufler in Zusammenhang mit den Märchenausgaben gleichzeitig berücksichtigt. Dabei werden nur die wesentlichen Auffälligkeiten aufgegriffen und erläutert.

Die Bilder der Märchen enthalten viele bunte Farben. Farben haben einen Einfluss auf die Menschen. Jede Kultur und jedes Gesellschaftssystem hat ihren festen Symbolgehalt für Farben. Deswegen werden verschiedene Nuancen genutzt, um „die soziokulturelle Einbettung der Farbigkeit verstehen zu können". Außerdem haben Farben auch die Rolle der Kommunikation. Aus diesem Grund erscheint es wichtig, die Illustrationen zu betrachten und die Farben zu deuten.[36]

Vorerst folgt erneut der Aspekt der Historizität. An dieser Stelle kann bewusst auf die Veränderungen des Frauenbildes eingegangen werden. Betrachtet man die verschiedenen Darstellungen in den Märchen, so fällt auf, dass Schneewittchens Kleid in den Ausgaben von 1983, 1993, 2000 und 2010 (s. Abbildung 1, 5, 8, 10). In der Ausgabe von 1983 wird das Rot des Kleides mit dem Gelb vermischt und enthält somit eine „abgeschwächte" Version der Farbe Rot (s. Abbildung 1). Schneewittchen hat zudem ein weißes Gesicht. In der Ausgabe von 1993 trägt sie ebenfalls ein weißes Kleid. In der Ausgabe von 2000 und 2010 fällt ebenfalls das weiß-rote Kleid auf. Ebenfalls trägt ihr Gesicht auf allen Abbildungen eine sehr helle Farbe, teilweise ist hier deutlich die Farbe Weiß zu erkennen. Weiß steht für Unschuld. „Im Zusammenhang mit der Unschuld und der symbolischen Bedeutung von Reinheit steht Weiß auch für die Wahrheit"[37]. Das Frauenbild, welches in der Ausgabe von 1819 herrscht, wird durch diese Darstellung vertreten und gleichzeitig auch heute vermittelt. Schneewittchen ist unschuldig, rein und wird mit ihrem „Gehorchen" und der Anpassung an das Frauenbild mit der Wahrheit in Verbindung gebracht. Das Rot, welches ebenfalls in ihrer Darstellung auftaucht, hat ebenfalls eine Bedeutung. Bei näherer Erforschung der Bedeutung der Farbe zeigt sich: „Rot als Farbe der Liebe (…), Rot als Farbe der Schande (rote Kleidung für Prostituierte)"[38]. Außerdem sehen Männer, laut einer Studie, Frauen als attraktiv an, wenn sie rote Kleidung tragen.[39] Das rote Kleid, welches Schneewittchen trägt, steht somit stellvertretend für die Attraktivität und die sexuelle Anziehungskraft gegenüber Männern. Ein Kleid setzt zudem weiblich, verspielte Akzente. Die Kombination lässt meinen, dass das Bild einer Frau dem Zitat in 3. wiederspiegelt. Denn eine Frau in der heutigen Zeit sollte „[…] sexy, sexuell aktiv und aufgeklärt, gut gebildet, familien- und berufsorientiert, heterosexuell, weiblich aber auch cool, selbstständig […]" sein. Somit werden durch die Farbkombination des Kleides und die Tatsache, dass Schneewittchen ein Kleid trägt, die idealen Eigenschaften von „sexy, sexuell aktiv, weiblich […]" einer Frau unterstrichen. Dadurch, dass sie sich in der Geschichte um den Haushalt kümmert und die männlichen Zwerge versorgt kommt es zur Erfüllung der Eigenschaften „familien- und berufsorientiert, […], selbstständig […]". Denn auch wenn dieser Aspekt damals zur Normalität für eine Frau gehörte, spielt er auch heute noch eine Rolle.

---

[36] (Jia, 2014, S. 44)
[37] (Bartel, 2003, S. 59)
[38] (Groß, 2006, S. 114)
[39] (Rose, Forschung erleben online, 2015)

Betrachtet man Schneewittchen in den vier neueren Ausgaben, so wird ebenfalls ein Aspekt deutlich: das Kleid hat ab der Geschichte von 2012 einen farblichen Wechsel. Das Rot (s. Abbildung 1, 8, 10) wird durch die Farbe Blau (s. Abbildung 4, 12, 14, 16, 19) ersetzt. So trägt sie in der Ausgabe von 1983 zur Hochzeit ein blaues Kleid, im Jahr 2012 ein blau-weißes Kleid, in 2013 ein rosa Kleid mit einer blauen Jacke, in 2014 wieder ein blau-weißes Kleid und in 2016 ein Kleid mit den Farben Rosa und Blau. Die Farben Blau, Weiß und Rosa spielen in den Illustrationen eine Rolle. Da die Bedeutung der Farbe Weiß bereits erwähnt wurde, liegt der Fokus nun auf den Farben Blau und Rosa. Die Farbe Blau symbolisiert Treue.[40]

Bei der näheren Betrachtung der Farbe Rosa ergaben sich einige Aspekte, die für die Darstellung von Schneewittchen interessant erscheint. Somit gilt die Farbe „[…] als kleines Rot und steht für die Liebe, reine Gefühle […], symbolisiert andererseits aber auch die Leichtfertigkeit von Frauen […]"[41]. Dieser Aspekt lässt meinen, dass die Farbe Rot durch das Rosa ersetzt wurde. Die Bedeutung der Farbe(n) bleibt somit bestehen, jedoch lässt es sich auf eine abgeschwächte Form schließen, da die Rede von einem „kleinen Rot" ist. Die Aussage, dass Prostituierte damals einen rosa Ausweis hatten und auch „rote Mädchen" genannt wurden, unterstreicht die Vermutung, dass die Bedeutung der Farbe(n) bestehen bleibt.[42] Außerdem heißt es: „Wo Rosa ist, wird alles blühend, zart und duftend empfunden, alles wird ein wenig weicher, süßer und zärtlicher […]"[43]. Dieser Aspekt unterstreicht die kindliche, verspielte Art, welche Schneewittchen gleichzeitig in ihrer Rolle wahrnimmt. Da Märchen außerdem in der heutigen Zeit für Kinder bestimmt sind und die Farbe Rosa den meisten Mädchen besonders gefällt, werden hier die Illustrationen kindgerecht und auf moderne Art gestaltet. Außerdem fällt auf, dass in einigen Ausgaben Schneewittchen mit Blumen und Tieren verstärkt ins positive Licht gerückt wird (s. Abbildung 2, 3, 12, 16, 19).

Bei näherer Untersuchung der Figur der Stiefmutter zeigt sich, dass diese in den meisten Fällen vom Kleidungsstil her sehr ähnlich dargestellt wird. Sie trägt Kleider und Gewänder in sehr unterschiedlichen, bunten Farben oder dunklen Mischfarben (s. Abbildung 1, 6, 9, 14, 17). Besonders in den Ausgaben von 1983, 1993 und 2000 (s. Abbildung 1, 6, 9) besteht ihre Kleidung aus sehr unterschiedlich bunten Farben. Die Mischfarben wirken nicht rein und machen auf den Betrachter oft einen „schmutzigen" Eindruck (vgl. Abbildung 14). Besonders eindeutig zu erkennen ist in den Ausgaben von 1993, 2014 und 2016 (s. Abbildung 6, 17, 19) das Gesicht der Stiefmutter, geschmückt mit Lippenstift, Nagellack und Augenlidschatten. Hierbei kommt die grelle, bunte Farbkombination ebenfalls deutlich zur Geltung. Ebenfalls eine Auffälligkeit zeigen die Ausgaben von 1993, 2000, 2012, 2013, 2014 und 2016. Hier wird die Stiefmutter mit besonders „ernster" Mimik gekennzeichnet. Die Mundwinkel sind auf den meisten Abbildungen nach unten gezogen und die Augenbrauen verstärken die „böse" Mimik (s. Abbildung 6, 9, 12, 14, 17, 19, 20). Da vor allem Kinder die Märchen betrachten, soll hierdurch die „böse" Rolle der Stiefmutter verdeutlicht werden. Auch die bunten, schrillen Farben lassen auf keine Harmonie schließen, sodass der Betrachter beim Anblick auf Irritation und fehlende Sympathie stößt.

Auf der Ebene der Komplexität wird das Frauenbild von Schneewittchen unterstrichen. Wie schon herausgestellt wird sie selbst als „unschuldiges" Wesen dargestellt, diese Rolle wird mit den Illustrationen nur bestätigt. Auf den meisten Abbildungen hat Schneewittchen einen neutralen oder einen erschrockenen Gesichtsausdruck mit offenem Mund (s. Abbildung 2, 8,

---

[40] (Meyers Großes Konversations-Lexikon online, Band 6. Leipzig 1906, S. 319-32)
[41] (Jia, 2014, S. 65)
[42] (Jia, 2014, S. 65)
[43] (Jia, 2014, S.64)

9, 10, 13, 20). Sie zeigt wenig Emotionen. Bei der Untersuchung der Illustrationen wird auch die aktive Rolle der Stiefmutter deutlich: Sie zeigt sich in aktiven Handlungen, wie z.B. bei der Befragung des Spiegels, und wie sie sich im Gegensatz zu Schneewittchen außerhalb ihrer gewohnten Umgebung des „Zuhauses" zeigt (vgl. Abbildung 3, 8, 12, 14, 21). Die Darstellungen von Schneewittchen hingegen unterstreichen durch die Illustrationen die inaktive Rolle. Sie geht nicht auf ihre Bedürfnisse ein und zeigt sich, wie erwähnt, in ihrer Mimik als eher beschränkt und ängstlich. Bis auf die Angst und Erschrockenheit lassen sich wenig Emotionen erkennen. Sie bedient die sieben Zwerge und ist im Haus zu sehen, wie sie den Haushalt verrichtet. Erst als die vom Prinzen erlöst wird, lässt sich interessanterweise in den meisten Ausgaben ein Lächeln erkennen (vgl. Abbildung 4, 7, 11, 12, 15, 18, 21). Unter Berücksichtigung der Geschichte des Märchens greifen die Illustrationen die gegensätzlichen Eigenschaften der beiden Frauen von Gut und Böse auf. Denn besonders die Mimik der Stiefmutter, die dazu gehörigen bunten und zum Teil auch dunklen Farben ihrer Kleidung und die Darstellung einer „bösen Hexe" verstärkt die Darstellung. Kinder lassen sich verstärkt von diesen Illustrationen beeinflussen und können einfach gesagt daraus schließen: Wer seinen Bedürfnissen nachgeht, ist ein „böser" Mensch. Wer jedoch gehorcht und seinen Aufgaben nachgeht, wird mit Schönheit belohnt und ist ein „guter" Mensch. Somit wird das Frauenbild beider weiblichen Figuren aus der ursprünglichen Ausgabe der Brüder Grimm mit den nachfolgenden Illustrationen bestärkt.

Bei näherer Betrachtung der Illustrationen auf Ebene der Fragilität fällt Folgendes auf: Während der Geschichte herrscht ein stetiger Konkurrenzkampf, besonders auf Seiten der Stiefmutter. Diese Spannung zieht sich bis kurz vor Ende, denn dann taucht der Prinz auf. Er reicht Schneewittchen auf einigen Illustrationen die Hand oder hält sie in seinen Armen (vgl. Abbildung 4, 7, 12, 15,18, 21), führt sie zum Traualtar und erlöst sie dadurch von ihrer „bösen" Stiefmutter. Der Prinz bzw. der Mann scheint eine besondere Wirkung auf die Frau zu haben, plötzlich lächelt sie. Die Spannung scheint gelöst zu sein und ihr Leben scheint mit der Hochzeit als erfüllt. Somit fungiert der Mann letztlich als Erlöser und die Probleme von Schneewittchen scheinen nicht mehr zu existieren. Ein weiterer Aspekt, welcher bei näherer Betrachtung auffällt ist, dass Schneewittchen in drei Ausgaben vor der „Erlösung" durch den Prinzen, rein bildlich gesehen, als besonders kindlich dargestellt ist (vgl. Abbildung 1, 10, 20). Ihre Gesichtszüge sind sehr weich, sie wirkt klein und zierlich. Als sie dann zur Hochzeit gezeigt wird, trägt sie ein Kleid in differenzierter Farbauswahl, ihre Haltung ist aufrechter im Vergleich zu vorherigen Bildern oder ihre Gesichtszüge wirken durchaus erwachsener (s. Abbildung 4, 11, 18, 20). Schneewittchen wird innerhalb der Geschichte(n) als Kind dargestellt und z.T. auch so betitelt. Wie schon erwähnt, ebenso in der Ausgabe von 1819. Sie verbringt ihre Zeit im Haus der sieben Zwerge und vollzieht hier den Haushalt. Wie schon in 3. erwähnt, entspricht dies dem damaligen Frauenbild. Es scheint so, als würde das Kind oder Mädchen in der Pubertät erst mit der Heirat eines Mannes zur Frau werden. Ziel des Lebens einer Frau sollte somit die Heirat eines Mannes sein. Obwohl der heutigen Frau mehr Unabhängigkeit zugeschrieben wird, wird dieser Aspekt im Märchen weiter vertreten und unterstützt. Das lächelnde Gesicht von Schneewittchen, die Herzen und Blumen, besonders in den aktuellen Ausgaben, fungieren als Verstärker dieser Aussage. Kinder, welche die Bilder betrachten erhalten somit schnell ein positives Bild von der Heirat eines Mannes.

Insgesamt kann gesagt werden, dass das damalige Frauenbild auf textlicher Ebene weiterhin vermittelt wird. Da Kinder jedoch in der heutigen Zeit die Märchen lesen oder sie vorgelesen bekommen, sind auf modernem Wege bunte Illustrationen mit den Jahren hinzugekommen.

Diese beeinflussen die Fantasie und Vorstellungskraft der Kinder. Die Bilder in den Büchern greifen somit einige moderne und aktuelle Aspekte des heutigen Frauenbildes auf.

5. Fazit/ Vergleich

Die Ausgangsfrage dieser Untersuchung befasste sich mit damit, ob ein Unterschied zwischen den Erzählungen und dem damit verbundenen Frauenbild der Gesellschaft zwischen der ursprünglichen Ausgabe von Schneewittchen damals zu den nachfolgenden Erscheinungen besteht. Um dieser Frage näher zu kommen, wurde nicht nur der Text des Märchens untersucht, sondern auch wurden die Illustrationen der „neueren" Ausgaben miteinbezogen.

Zuerst ist aufgefallen, dass das Frauenbild der damaligen Zeit im Märchen „Schneewittchen" von 1819 aufgegriffen wurde. Die Rollenverteilung in dieser Zeit ist deutlich: Einer Frau wird der Gebärfunktion zugeschrieben, wie die leibliche Mutter Schneewittchens es tut. Sie sollte den Haushalt machen und sich nicht außerhalb des Heims zeigen. Die Schönheit wird nur zum repräsentativen Zweck und in Anwesenheit des Mannes genutzt; dies ist ein Weg, mit dem der Mann (mit der Frau) in der Gesellschaft zu Anerkennung gelangen kann. Die Frau hat zudem keinerlei Rechte und muss sich dem Mann stets unterordnen. Außerdem sollte sie möglichst wenig ihren Bedürfnissen nachgehen und sich wie Schneewittchen passiv verhalten. Falls die Frau zur damaligen Zeit dieses Verhaltensmuster durchbricht ist sie ein „schlechter" Mensch mit negativen Eigenschaften. Den Vergleich stellt dabei die Stiefmutter dar.

Schneewittchen ist ein heranwachsendes Kind bzw. Mädchen, welches erst mit der Heirat zur Frau wird. Dies scheint das Ziel im Leben einer Frau zu sein, durch den Mann gelangt sie so endgültig zur vollkommenen Weiblichkeit.

Dieser Punkt wiederspricht zum Teil dem heutigen Frauenbild. Denn nach dem heutigen Frauenbild sollte die heutige Frau sollte familienorientiert sein, sich um den Haushalt kümmern. Mit der Mutterschaft ordnet sie sich automatisch dem Mann unter, denn die Geburt eines Kindes bedeutet gleichzeitig (wenn auch nur für kurze Zeit) aus dem Beruf herauszutreten. Einerseits sollte sie autonom und selbstständig sein und selbstverständlich Erfolg im Beruf haben. Auf der anderen Seite sollte eine Frau in der heutigen Zeit besorgt um das Wohlergehen der Familie sein und dem Mann das Gefühl geben, er sei überlegen. Mutter sein und Karriere machen; das sind die heutigen Anforderungen in der Gesellschaft an eine Frau. Die älteste Ausgabe beim Vergleich stammt von 1983. Jedoch lassen sich, wie in 4.2 aufgegriffen, die Gemeinsamkeiten zum Vergleich zur Ursprungsausgabe von 1816 finden. Daher kann man meinen, dass das Frauenbild zur Zeit der ältesten Ausgabe im Vergleich ähnlich gestaltet. Dieser Frage jedoch genauer nachzugehen würde nicht mehr in den Umfang dieser Arbeit gehören.

Der Text des Märchens wurde wie schon erwähnt nicht verändert. Natürlich darf man den Aspekt nicht vergessen, dass die Brüder Grimm eine Bedeutung in der deutschen Geschichte haben und ihre Märchen zur deutschen Kultur zählen. Jedoch wird trotzdem das Frauenbild weiterhin vermittelt, da es zum Teil auch den heutigen Anforderungen an das weibliche

Geschlecht entspricht. Da die Zielgruppe der Märchen heute Kinder sind, die oft die Märchen vorgelesen bekommen und sich dadurch gezielter Illustrationen anschauen, wurden die Illustrationen ansprechend gestaltet. Sie zeigen sich besonders bunt und es werden oft viele Details, wie Tiere oder die Umgebung dargestellt. Es wurden zudem einige Aspekte des modernen Frauenbildes im Märchen in den Illustrationen hinzugefügt. Die Attraktivität spielt hierbei eine größere Rolle, denn wie schon erwähnt wurden die Farben Rot und Rosa benutzt. In Abbildung 12 trägt Schneewittchen beispielsweise hohe Schuhe und das Kleid ist weitaus kürzer als in den anderen Abbildungen. Außerdem trägt Schneewittchen in vielen Ausgaben ein blaues Kleid. Diese Farbe spiegelt Treue wieder, welche die Frau dem Mann bei der gemeinsamen Hochzeit verspricht und in der Ehe halten sollte. Die Tiere, Blumen und zum Teil auch Herzen spiegeln das kindlich, verspielte in den Bildern wieder und fungieren somit zur Attraktivität für Mädchen zum weiblichen Frauenbild.

Die Stiefmutter zeigt sich in den Bildern als deutlich emotionaler und hat oftmals einen bösen Gesichtsausdruck. Dies vereinfacht es den Kindern zwischen dem positiven (gesellschaftlichen) Frauenbild und dem negativen zu unterscheiden. Die bunten, oftmals grellen Farben fungieren ebenfalls dazu, dass der Betrachter die Figur als weniger ansprechend oder attraktiv wahrnimmt. Somit stößt auch das Verhalten der Stiefmutter vermutlich auf wenig Toleranz. Zuletzt kann noch hinzugefügt werden, dass der Mann als Erlöser in „Schneewittchen" dargestellt wird. Somit spiegelt er eine beschützende Rolle wieder. Dies unterstreicht gleichzeitig den Aspekt der modernen Anforderung einer Frau: Sie sollte zwar selbstständig sein, dem Mann aber gleichzeitig das Gefühl der Unterordnung geben.

Das Frauenbild wurde somit im Märchen von Schneewittchen zur damaligen Zeit aufgegriffen und hat sich bis heute besonders unter einem Punkt verändert: Es sind neue Anforderungen an die Frau hinzugekommen. Die damaligen gesellschaftlichen Vorstellungen von 1819 sind bestehen geblieben, da eine Frau heute viele der Anforderungen auch noch heute erfüllen sollte. Gleichzeitig soll sie jedoch autonom sein und sowohl der Familie als auch der Karriere gerecht werden. Zudem sollte sie Attraktivität ausstrahlen, jedoch mit der Heirat eines Mannes ihm Treu und der Familie verpflichtend gegenüber sein. Dieses dargestellte Frauenbild wird mit den Illustrationen, welche ab 1983 zum Vergleich gezogen wurden, unterstrichen. Es wird somit weiter an Kinder vermittelt, welche die Märchen vorgelesen bekommen und durch sie beeinflusst wird. Somit werden die Vorstellungen und das Bild einer Frau in die Gesellschaft an die jüngere Generation weitergetragen und in der Kultur weitergegeben.

6. Abbildungsverzeichnis

Grimm, Bernadette (1983): *Schneewittchen.* NordSüd Verlag AG: Zürich

Abbildung 1: Grimm, Bernadette (1983): Schneewittchen. S.2

Abbildung 2: Grimm, Bernadette (1983): Schneewittchen. S.5

Abbildung 3: Grimm, Bernadette (1983): Schneewittchen, S.16

Abbildung 4: Grimm, Bernadette (1983): Schneewittchen, S.

Jung (1993): *Im Reich der Märchen.* MERIT Verlag: Hamburg

Abbildung 5: Jung (1993):
Im Reich der Märchen, S. 144

Abbildung 6: Jung (1993):
Im Reich der Märchen, S. 146

Abbildung 7: Jung (1993):
Im Reich der Märchen, S. 154

Betz, Otto (2000): *Die schönsten Märchen der Gebrüder Grimm.* Lappan Verlag: Oldenburg.

Abbildung 8: Betz, Otto (2000)
Im Reich der Märchen, S. 245

Abbildung 9: Betz, Otto (2000):
Im Reich der Märchen, S. 246

Grimm, Archipowa (2011): *Die schönsten Märchen der Brüder Grimm.* Esslinger Verlag J. F. Schreiber: Esslingen.

Abbildung 10: Grimm, Archipowa (2011):
Die schönsten Märchen der Brüder Grimm, S. 73

Abbildung 11: Grimm, Archipowa (2011): Die schönsten Märchen der Brüder Grimm, S. 84-85

Grimm, Neuendorf (2012): *Die schönsten Märchen der Brüder Grimm.* Arena Verlag GmbH: Würzburg.

Abbildung 12: Grimm, Neuendorf (2011): Die schönsten Märchen der Brüder Grimm. S. 88-89

Rensmann, Lefin (2013): *Schneewittchen.* Don Bosco Medien GmbH: München.

Abbildung 13: Rensmann, Lefin (2013): Schneewittchen S.3

Abbildung 14: Rensmann, Lefin (2013): Schneewittchen S. 16

Abbildung 15: Rensmann, Lefin (2013): Schneewittchen S. 21

Kuhn, Nick (2014): *Schneewittchen.* Gondolino GmbH Verlag: Bindlach

Abbildung 16: Kuhn, Nick (2014):
Schneewittchen, S. 7

Abbildung 17: Kuhn, Nick (2014):
Schneewittchen, S. 16

Abbildung 18: Kuhn, Nick (2014):
Schneewittchen, S. 22

Seidel (2016): *Mein großer Märchenschatz.* Buch und Zeit Verlag: Köln.

Abbildung 19: Seidel (2016):
Mein großer Märchenschatz, S. 57

Abbildung 20: Seidel (2016):
Mein großer Märchenschatz, S.57

Es gab eine wunderschöne Hochzeit. Zu
dem Fest wurde auch die böse Stiefmutter eingeladen. Als sie den Saal
betrat und Schneewittchen erkannte,
ging ein Riss durch ihr böses Herz, und
sie fiel auf der Stelle tot um.

Schneewittchen und der Prinz lebten
fortan glücklich und zufrieden bis an ihr
Lebensende.

Abbildung 21: Seidel (2016):
Mein großer Märchenschatz, S.66

7. Literaturverzeichnis

Allensbacher Archiv, IfD-Umfrage 7042 *„Kinder brauchen Märchen"*, April/Mai 2003, Institut für Demoskopie: Allensbach.

Bartel, S. (2003) *Farben im Webdesign: Symbolik, Farbpsychologie, Gestaltung.* Springer-Verlag: Berlin.

Bernhard Lauer, Brüder Grimm-Gesellschaft e.V., Abgerufen von http://www.grimms.de/de/content/leben-und-wirken am 14.3.2018.

Dimova, M. (2008). *Die Frauenfiguren in den Kinder- und Hausmärchen der Brüder Grimm.* Grin Verlag: München.

Dudenredaktion(o. J.): „Bild", „Frauenbild", „Märchen" auf Duden online. URL: https://www.duden.de/node/663538/revisions/1672566/view
https://www.duden.de/node/697779/revisions/1647638/view
https://www.duden.de/node/699732/revisions/1685003/view
Abgerufen am 27.04.2018)

Freund, Winfried (1996). *Deutsche Märchen. Eine Einführung.* Wilhelm Fink Verlag. München.

Grimm, J., W. (1985). *Kinder- und Hausmärchen.* Ursprüngliche Ausgabe von 1819. Wissenschaftliche Buchgesellschaft: Darmstadt.

Groß, D. (2006), *Farbe - Erkenntnis - Wissenschaft: zur epistemischen Bedeutung von Farbe in der Medizin.* LIT Verlag: Münster/ Hamburg/ Berlin/ London.

Jia, L. (2014). *Interkulturelle Kommunikation im Kontext der Kunstpädagogik: Der Farbgebrauch und die Bedeutung in China und Deutschland Taschenbuch.* Diplomica Verlag: Hamburg.

Konradin Medien GmbH, Leinfelden-Echterdingen. Abgerufen von https://www.wissen.de/lexikon/maerchen am 01.04.2018.

Meyers Großes Konversations-Lexikon, Band 6. Leipzig 1906, S. 319-32, Abgerufen von http://www.zeno.org/Meyers-1905/A/Farbensymbolik am 5.04.2018.

Rendtorff, B. (2006). Erziehung und Geschlecht. Stuttgart: W. Kohlhammer.

Rose, Andre (2015). Forschung erleben, Universität Mannheim. Abgerufen von http://www.forschung-erleben.uni-mannheim.de/?q=node/1314 am 20.4.2018.

Schaufler, Birgit (2002). *Schöne Frauen – Starke Männer. Zur Konstruktion von Leib, Körper und Geschlecht.* Leske + Budrich: Opladen.

Schmid, P. (1996). Weib oder Mensch- Wesen oder Wissen. Bürgerliche Theorien zur weiblichen Bildung um 1800. In E. Kleinau, & C. Opitz, Geschichte der Mädchen- und Frauenbildung (S. 327-345). Frankfurt am Main: New York.

Schönherr-Mann, H. (2007), *Simone de Beauvoir und das andere Geschlecht.* Deutscher Taschenbuch Verlag: München.

Walter, N. (1984). *Die Brüder Grimm und ihre Märchen.* Vandenhoeck und Ruprecht: Göttingen.

Wallner, C. (5. Februar 2017). Geschlechtergerechte Jugendhilfe. Von www.geschlechtergerechtejugendhilfe.de/downloads/maedchenbilder.pdf abgerufen am 28.03.2018.

BEI GRIN MACHT SICH IHR WISSEN BEZAHLT

- Wir veröffentlichen Ihre Hausarbeit, Bachelor- und Masterarbeit

- Ihr eigenes eBook und Buch - weltweit in allen wichtigen Shops

- Verdienen Sie an jedem Verkauf

Jetzt bei www.GRIN.com hochladen und kostenlos publizieren